Quand les anges se mettent à la cuisine...

... une suave odeur de cannelle et de girofle, de vanille et de chocolat se répand dans toute la maisonnée.
À vos tabliers ! À vos fourneaux ! Cela en vaut la peine : en préparant joyeusement les fêtes de fin d'année, vous ferez plaisir à tous ceux que vous aimez. Il y en aura pour tous les goûts ! Vous pouvez les conserver dans de jolies boîtes qui deviendront autant de cadeaux pour les gourmands.
Ces petits gâteaux ajouteront un grain de folie à l'ambiance festive de ce temps de bonheur.

Triangles aux dattes

Des petits fours de Noël à la mode italienne – aux dattes et noisettes.

Spécialité génoise

Ingrédients pour environ 48 pièces :
150 g de beurre ramolli
80 g de sucre
1 sachet de sucre vanillé
1 pincée de sel
6 jaunes d'œufs
150 g de farine
1 cuil. à café de levure
150 g de noisettes hachées
200 g de dattes
200 g de chocolat pour le nappage
Beurre pour la plaque

- Préparation : 50 minutes
- Cuisson : 14 minutes par plaque

Une pièce contient environ :
355 kJ/85 kcal

!

Au lieu des trois pointes, vous pouvez aussi glacer les trois côtés des triangles aux dattes. Après les avoir trempés dans le chocolat fondu, déposez-les sur du papier sulfurisé, puis détachez-les proprement après séchage.

1

Mettez le beurre, le sucre, le sucre vanillé, le sel et les jaunes d'œufs dans un saladier. Travaillez le tout jusqu'à l'obtention d'un mélange crémeux.

2

Tamisez la farine et la levure par-dessus. Ajoutez les noisettes et 3 cuillerées à soupe d'eau en remuant.

3

Préchauffez le four à 180 °C (à chaleur tournante : 160 °C). Beurrez la plaque.

4

Fendez les dattes dans leur longueur, dénoyautez-les et taillez-les en fines lamelles que vous incorporez à la pâte. Étalez la pâte sur la plaque sur 1,5 cm d'épaisseur, puis lissez-la à l'aide d'un couteau.

5

Enfournez à mi-hauteur 15 à 20 minutes, puis laissez refroidir. Découpez la pâte en triangles (*voir conseils p. 34*) et décollez-les de la plaque.

6

Hachez le chocolat de nappage en petits morceaux. Faites-les fondre au bain-marie dans une petite casserole. Plongez les trois pointes des triangles aux dattes dans le chocolat (*voir conseils p. 34*). Ensuite, laissez sécher pendant 30 minutes.

Étoiles de Noël

Un classique qui apportera une touche de couleur sur la table.

Demande un peu de temps

Ingrédients pour environ 80 pièces :
300 g de farine
200 g de beurre froid
100 g de sucre
1 sachet de sucre vanillé
1 pincée de sel
1 œuf
100 g d'amandes en poudre
7 cuil. à soupe de confiture de fruits rouges
100 g de chocolat pour le nappage
20 g de pistaches hachées
Farine pour le plan de travail
Papier de cuisson pour la plaque

- Préparation : 1 heure 15 minutes
- Repos de la pâte : 30 minutes
- Cuisson : 10 minutes par plaque

Une pièce contient environ :
210 kJ/50 kcal

!

Enduisez une partie des étoiles avec du chocolat blanc fondu et, à l'aide d'une fourchette, dessinez un motif dans le chocolat pendant qu'il est encore mou.

1

Creusez un puits dans la farine tamisée. Répartissez le beurre en noisettes, le sucre, le sucre vanillé et le sel sur le pourtour du puits. Cassez l'œuf dans le puits, saupoudrez les amandes par-dessus. Hachez le tout avec un couteau (*voir ill. de la pâte brisée p. 18*), puis pétrissez avec vos mains jusqu'à l'obtention d'une pâte lisse. Laissez reposer à couvert dans un lieu frais, pendant 30 minutes. Tapissez la plaque avec le papier de cuisson.

2

Farinez le plan de travail. Pétrissez de nouveau la pâte et fractionnez-la en trois parts. Étalez ces parts sur 2 mm d'épaisseur. Découpez-y des étoiles et rangez-les sur la plaque, à 1 cm d'intervalle. Laissez reposer 10 minutes au froid. Préchauffez le four à 180 °C (à chaleur tournante : 160 °C).

3

Faites dorer au four, à mi-hauteur, pendant 10 minutes. Laissez refroidir sur une grille à pâtisserie. Collez les étoiles deux par deux en enduisant la face inférieure de confiture.

4

Hachez le chocolat destiné au nappage. Faites-le fondre au bain-marie en le remuant dans une petite casserole. Badigeonnez-en les étoiles et parsemez-les aussitôt de pistaches, pour que celles-ci adhèrent bien aux étoiles. Laissez sécher pendant 30 minutes.

Bouchées aux épices

Elles peuvent se garder fraîches pendant 4 à 6 semaines.

Facile

Ingrédients pour environ 70 pièces :
200 g de beurre ramolli
3 jaunes d'œufs
100 g de sucre glace
1 sachet de sucre vanillé
1 pincée de sel
1/2 cuil. à café de cannelle
1/2 cuil. à café de muscade
1 pincée de gingembre en poudre
200 g de farine
1 cuil. à café de levure
30 g de cacao en poudre
125 g de noisettes moulues
100 g de chocolat au lait pour le nappage
Pistaches hachées selon le goût
Farine pour les moules
Papier de cuisson pour la plaque

- Préparation : 50 minutes
- Repos de la pâte : 1 heure
- Cuisson : 12 minutes par plaque

Une pièce contient environ :
270 kJ/65 kcal

1

Dans une terrine, travaillez ensemble le beurre, les jaunes d'œufs, le sucre glace, le sucre vanillé, le sel ainsi que les épices jusqu'à l'obtention d'un mélange crémeux.

2

Ajoutez la farine, la levure et le cacao tamisés, ainsi que les noisettes. Travaillez ces ingrédients avec un batteur à main pour obtenir une pâte lisse, que vous laissez reposer dans un lieu frais pendant 1 heure. Tapissez la plaque avec le papier de cuisson.

3

Dans vos mains farinées, façonnez des boules de la grosseur d'une noix et rangez-les sur la plaque, à 2 ou 3 cm d'intervalle. Laissez reposer 10 minutes au froid. Préchauffez le four à 180 °C (à chaleur tournante : 160 °C). Faites cuire pendant 12 minutes au four, à mi-hauteur. Laisser refroidir sur une grille.

4

Hachez finement le chocolat à napper et faites-le fondre au bain-marie dans une petite casserole. Trempez le haut des boules dans le chocolat et parsemez-les de pistaches selon votre goût. Laissez sécher pendant 20 minutes.

Biscuits espagnols

Légers et aériens, ces biscuits aux amandes fondent dans la bouche.

Recette légère

Ingrédients pour environ 48 pièces :
125 g de farine
90 g de beurre
1 sachet de sucre vanillé
1 pincée de sel
1 jaune d'œuf
1 cuil. à soupe de vin blanc
1 blanc d'œuf
90 g de sucre glace
40 g d'amandes hachées
Farine pour le plan de travail
Papier de cuisson pour la plaque

- Préparation : 30 minutes
- Repos de la pâte : 30 minutes
- Cuisson : 17 minutes par plaque

Une pièce contient environ :
170 kJ/40 kcal

!

Pour éviter que la pâte ne dessèche, enveloppez-la dans un film alimentaire pendant le temps de repos.

1

Tamisez la farine dans un bol et creusez une fontaine. Ajoutez-y le beurre en petits morceaux, le sucre vanillé, le sel, le jaune d'œuf et le vin blanc. Mélangez à l'aide d'un batteur à main, puis pétrissez avec vos mains pour obtenir une pâte lisse, que vous laissez reposer à couvert dans un lieu frais, pendant 30 minutes.

2

À l'aide d'un fouet, battez le blanc d'œuf en neige (il doit devenir bien ferme). Ajoutez-y peu à peu le sucre glace et continuez de battre jusqu'à ce que le mélange devienne brillant et forme des pointes molles. Incorporez alors délicatement les amandes à la neige (sans tourner !).

3

Préchauffez le four à 200 °C (à chaleur tournante : 180 °C). Tapissez la plaque avec le papier de cuisson.

4

Farinez légèrement le plan de travail. Pétrissez de nouveau la pâte et étalez-la au rouleau sur 3 mm d'épaisseur en formant un rectangle de 24 x 30 cm. Recouvrez des blancs en neige. À l'aide d'une roue dentée, découpez-y des rectangles de 3 x 5 cm, que vous rangez sur la plaque (*voir ill. p. 19*).
Enfournez à mi-hauteur et laissez cuire pendant 17 minutes. Laissez refroidir sur une grille.

Duos cappuccino-noix

Des bouchées croquantes à l'arôme amer du cappuccino.

Raffiné

Ingrédients pour environ 80 pièces :
Pour la pâte :
150 g de farine
1/2 cuil. à café de levure
1 jaune d'œuf
1 cuil. à soupe de lait
100 g de beurre
60 g de sucre
1 sachet de sucre vanillé
1 pincée de sel
Pour la préparation aux noix :
125 g de cerneaux de noix
2 cuil. à soupe de lait
25 g de sucre
1 cuil. à soupe de cappuccino instantané en poudre
Farine pour le plan de travail
Papier de cuisson pour la plaque

- Préparation : 1 heure
- Repos de la pâte : 30 minutes
- Cuisson : 10 minutes par plaque

Une pièce contient environ :
110 kJ/30 kcal

!

Placés dans une boîte hermétique, ces biscuits conserveront tout leur arôme.

1

Tamisez farine et levure mélangées sur le plan de travail. Creusez un puits au centre. Mettez-y le jaune d'œuf et la cuillerée à soupe de lait. Répartissez le beurre en petits morceaux, le sucre, le sucre vanillé et le sel sur le pourtour du puits (*voir ill. de la pâte brisée p. 18*).

2

Hachez le tout à l'aide d'un couteau, puis pétrissez avec vos mains jusqu'à obtenir une pâte lisse (*voir p. 18*). Laissez-la reposer à couvert dans un lieu frais, pendant 30 minutes.

3

Hachez grossièrement les noix. Trempez-les dans le lait additionné du sucre et du cappuccino en poudre. Portez à ébullition en remuant. Laissez refroidir.

4

Couvrez la plaque du papier de cuisson. Farinez le plan de travail. Pétrissez de nouveau la pâte et abaissez-la sur 2 mm d'épaisseur. Avec un emporte-pièce rond (de 4 cm de ø), découpez-y des gâteaux que vous rangez sur la plaque, à 1 cm d'intervalle. Recouvrez-les de la préparation aux noix. Laissez reposer 10 minutes au frais. Préchauffez le four à 180 °C (à chaleur tournante : 160 °C).

5

Faites dorer, à mi-hauteur, pendant 10 minutes. Décollez les gâteaux de la plaque pendant qu'ils sont chauds. Laissez refroidir sur une grille.

Sablés à la groseille

Ces tendres sablés se dégustent aussi simplement poudrés de sucre glace.

Demande un peu de temps

Ingrédients pour environ 60 pièces :
Pour la pâte :
300 g de farine
200 g de beurre
100 g de sucre glace
1 jaune d'œuf
Pour la garniture :
5 cuil. à soupe de gelée de groseille
Pour le glaçage :
100 g de sucre glace
2 cuil. à soupe de jus de groseille
Farine pour le plan de travail
Papier de cuisson pour la plaque

- Préparation : 1 heure 15 minutes
- Repos de la pâte : 20 minutes
- Cuisson : 8-10 minutes par plaque

Une pièce contient environ :
230 kJ/55 kcal

!

Gagnez du temps : pendant la cuisson de la première plaque, vous pouvez découper le reste des gâteaux et les mettre sur une ou deux autres feuilles de papier de cuisson, que vous n'aurez qu'à étendre sur la plaque, une fois qu'elle est refroidie.

1

Creusez un puits au centre de la farine préalablement tamisée. Mettez-y le jaune d'œuf et 1 cuillerée à soupe d'eau, et répartissez le beurre en petits morceaux et le sucre glace sur le pourtour du puits. Hachez soigneusement ces ingrédients avec un couteau (*voir ill. de la pâte brisée p. 18*), puis pétrissez avec vos mains jusqu'à l'obtention d'une pâte lisse. Laissez-la reposer à couvert dans un lieu frais, pendant 20 minutes. Chemisez la plaque avec le papier de cuisson.

2

Farinez le plan de travail. Pétrissez de nouveau la pâte et divisez-la en trois parts que vous étalez sur 2 mm d'épaisseur. Découpez-y des figures de votre choix (de 4 cm de ø), toujours en nombre pair. Rangez les gâteaux sur la plaque et réservez 10 minutes au froid. Préchauffez le four à 180 °C (à chaleur tournante : 160 °C).

3

Enfournez les gâteaux à mi-hauteur et faites-les blondir en 8-10 minutes. Laissez refroidir sur une grille. Collez les gâteaux deux par deux en enduisant la face inférieure de gelée.

4

Pour le glaçage, délayez le sucre glace avec la liqueur de mûre. À l'aide d'un pinceau, badigeonnez-en les gâteaux en allant de l'intérieur vers l'extérieur (*voir ill. du glaçage au sucre p. 35*), puis laissez sécher pendant 1 à 2 heures.

Pavés aux noisettes

Ces cubes fondants se dégustent volontiers toute l'année.

Facile

Ingrédients pour environ 70 pièces :
Pour la pâte :
250 g de beurre ramolli
125 g de sucre
5 œufs
1 pincée de sel
200 g de chocolat au lait
200 g de noisettes moulues
100 g de farine
2 cuil. à café de levure
2 cuil. à soupe de rhum
100 g de glaçage aux noisettes (existe en préparation à acheter)
40 g de noisettes hachées
Beurre pour la plaque

- Préparation : 30 minutes
- Cuisson : 20 minutes

Une pièce contient environ :
270 kJ/65 kcal

!

Essayez la variante suivante : remplacez les noisettes moulues par des noix, recouvrez la pâte, après cuisson, d'un glaçage au chocolat, et parsemez des noix hachées.

1

Dans une terrine, travaillez le beurre, le sucre, les œufs et le sel jusqu'à l'obtention d'un mélange mousseux.

2

Préchauffez le four à 180 °C (à chaleur tournante : 160 °C). Beurrez la plaque.

3

Râpez le chocolat au lait et incorporez-le à la pâte avec les noisettes. Tamisez la farine et la levure (au préalable mélangées) par-dessus, versez le rhum. Travaillez le tout au batteur à main pour obtenir une pâte lisse.

4

Étalez la pâte sur la plaque et lissez-la avec une spatule. Enfournez à mi-hauteur et faites cuire pendant 20 minutes. Laissez refroidir.

5

Hachez le glaçage en petits morceaux. Faites-le fondre au bain-marie en remuant, dans une petite casserole. Étalez régulièrement le glaçage sur la pâte, parsemez les noisettes hachées et laissez sécher pendant 15 minutes. Découpez ensuite en carrés de 4 x 4 cm.

Pâte brisée

1 Pour la pâte brisée, mettez l'œuf (ou le jaune) et les ingrédients liquides dans le puits de farine et le reste des ingrédients sur le pourtour.

2 Hachez les ingrédients avec un couteau pour les réduire en miettes, puis pétrissez avec vos mains pour obtenir une pâte lisse.

Nuages blancs

1 Battez le mélange blancs en neige-sucre glace, placé au-dessus d'un bain-marie chaud (sans faire cuire !) jusqu'à l'obtention d'une masse brillante qui forme des pointes molles.

2 Incorporez les noix et le rhum. À l'aide d'une petite cuillère, déposez la préparation en petits tas ronds sur la plaque.

Biscuits espagnols

1 Étalez la pâte sur 3 mm d'épaisseur en formant un rectangle (24 x 30 cm) et recouvrez-la avec le mélange blancs en neige-amandes.

2 Découpez des rectangles de 3 x 5 cm, que vous rangez sur la plaque à 1 cm d'intervalle.

Tartelettes de Linz

1 Déposez deux tiers de la pâte sur la plaque, saupoudrez de farine et étalez aux dimensions de la plaque. Recouvrez la pâte de confiture de mûres.

2 Étalez le restant de pâte en un rectangle de 3 mm d'épaisseur. Découpez des bandes de 1 cm de large que vous disposez sur la confiture, à 3 cm d'intervalle, et en croisillons.

Étoiles des neiges

L'alliance d'une fine pâte au beurre et d'un chocolat doux-amer.

Un peu onéreux

Ingrédients pour environ 70 pièces :
300 g de farine
1 cuil. à café de levure
150 g de beurre
100 g de sucre
1 sachet de sucre vanillé
3 cuil. à soupe d'amaretto (ou de lait)
1 jaune d'œuf
40 g de sucre en grains
100 g de chocolat
Farine pour le plan de travail
Papier de cuisson pour la plaque

- Préparation : 50 minutes
- Repos de la pâte : 20 minutes
- Cuisson : 8-10 minutes par plaque

Une pièce contient environ :
275 kJ/70 Kcal

!

Une fois les motifs découpés, rassemblez les chutes de pâte, étalez et découpez. Lorsque vous étalez la pâte, ajoutez le moins de farine possible.

1

Creusez un puits au centre de la farine et de la levure tamisées. Répartissez le beurre en petits morceaux, le sucre et le sucre vanillé sur le pourtour. Versez l'amaretto dans le puits. Hachez le tout à l'aide d'un couteau (*voir ill. de la pâte brisée p. 18*), puis pétrissez avec vos mains pour obtenir une pâte brisée. Laissez reposer à couvert dans un lieu frais, pendant 20 minutes.

2

Couvrez la plaque du papier de cuisson. Farinez le plan de travail. Pétrissez la pâte, puis fractionnez-la en deux parts. Étalez chacune d'elles sur 2 mm d'épaisseur. Découpez un nombre égal de disques et d'étoiles (de même ø), rangez-les sur la plaque, et placez-les 10 minutes au froid.

3

Préchauffez le four à 180 °C (à chaleur tournante : 160 °C). Délayez le jaune d'œuf avec un peu d'eau et badigeonnez-en les étoiles avec un pinceau de cuisine. Parsemez-les de sucre en grains. Enfournez les gâteaux à mi-hauteur et faites-les dorer en 8-10 minutes. Laissez refroidir sur une grille.

4

Hachez le chocolat en petits morceaux. Faites-les fondre au bain-marie en remuant. Badigeonnez-en les gâteaux ronds et, déposez aussitôt une étoile par-dessus. Laissez sécher pendant 30 minutes.

Nuages blancs

Un arôme particulièrement intense grâce aux noix fraîchement hachées.

Exclusif

Ingrédients pour environ 50 pièces :
200 g de cerneaux de noix (ou à défaut, d'amandes)
3 blancs d'œufs
150 g de sucre en poudre
1 cuil. à café de rhum
Papier de cuisson pour la plaque

- Préparation : 25 minutes
- Cuisson : 25 minutes par plaque

Une pièce contient environ :
80 kJ/20 kcal

!

Vous pouvez également faire cuire les macarons sur des fins biscuits ronds (appelés « oublies »).

1

Hachez grossièrement les noix. Fouettez les blancs d'œufs en neige jusqu'à ce qu'ils soient bien fermes. Incorporez peu à peu le sucre et continuez de battre au-dessus d'un bain-marie chaud (ils ne doivent pas cuire !) jusqu'à ce que la masse devienne brillante et forme des pointes molles (*voir ill. des nuages blancs p. 18*). Incorporez alors délicatement les noix et le rhum (ne tournez pas !).

2

Préchauffez le four à 140 °C (à chaleur tournante : 140 °C). Chemisez la plaque avec le papier de cuisson. À l'aide d'une petite cuillère, déposez la préparation pour macarons en tas ronds sur la plaque (*voir ill. p. 18*).

3

Enfournez les macarons à mi-hauteur et laissez-les plutôt sécher que cuire pendant 25 minutes. Ils doivent rester blancs. Ensuite, laissez-les refroidir sur une grille.

Tartelettes de Linz

Pour un goûter, coupez des parts plus grandes.

Raffiné

Ingrédients pour environ 48 pièces :
150 g de beurre ramolli
100 g de crème fraîche
2 œufs
100 g de sucre
1 sachet de sucre vanillé
400 g de farine
2 cuil. à café de levure
450 g de confiture de mûres
  ou de framboises
Beurre pour la plaque
Farine pour le plan de travail

- Préparation : 35 minutes
- Repos de la pâte : 15 minutes
- Cuisson : 20 minutes

Une pièce contient environ :
330 kJ/80 kcal

!

Grand classique de la pâtisserie autrichienne, la tarte de Linz se prépare traditionnellement avec de la confiture de framboises.

1

Mélangez le beurre, la crème fraîche, 1 œuf entier, 1 blanc, le sucre et le sucre vanillé avec un batteur à main. Ajoutez la farine et la levure tamisées et pétrissez. Laissez reposer 15 minutes au frais et à couvert.

2

Beurrez la plaque. Déposez-y les deux tiers de la pâte, saupoudrez de farine et étalez à la taille de la plaque. Recouvrez la pâte avec la confiture de mûres (*voir ill. p. 19*). Préchauffez le four à 180 °C (à chaleur tournante : 160 °C).

3

Farinez le plan de travail. Étalez le restant de pâte en un rectangle de 3 mm d'épaisseur. Délayez le jaune d'œuf avec un peu d'eau et badigeonnez-en finement la pâte avec un pinceau de cuisine. À l'aide d'une roulette, découpez des bandes de 1 cm de large, que vous placez en croisillons sur la confiture, à 3 cm d'intervalle (*voir ill. p. 19*).

4

Enfournez à mi-hauteur pour environ 15 minutes. Laissez refroidir sur la plaque. Découpez ensuite des carrés de 5 x 5 cm.

Demi-lunes à l'orange

Des petits gâteaux décoratifs, qui sentent délicieusement bon l'orange.

Un peu coûteux

Ingrédients pour environ 50 pièces :
Pour la pâte :
100 g de pâte d'amande
125 g de beurre ramolli
100 g de sucre glace
1 sachet de sucre vanillé
1 œuf
1 cuil. à café de zeste d'orange (non traitée) râpé
150 g de farine
100 g de Maïzena
Pour la garniture :
4 cuil. à soupe de marmelade d'orange
Pour le glaçage :
100 g de sucre glace
2 cuil. à soupe de liqueur d'orange (à défaut, de jus d'orange)
Farine pour le plan de travail
Papier de cuisson pour la plaque

- Préparation : 1 heure
- Repos de la pâte : 1 heure
- Cuisson : 10 minutes par plaque

Une pièce contient environ :
250 kJ/60 kcal

1

Dans une terrine, mettez la pâte d'amande, coupée en petits morceaux, le beurre, le sucre glace, le sucre vanillé, l'œuf et le zeste d'orange, et mélangez le tout à l'aide d'un batteur à main. Mélangez la farine et la Maïzena, tamisez-en la moitié au-dessus de la masse, et incorporez. Tamisez le reste et incorporez-le en pétrissant. Laissez reposer à couvert dans un lieu frais, pendant 1 heure.

2

Chemisez la plaque avec le papier de cuisson. Farinez le plan de travail. Pétrissez de nouveau la pâte, puis étendez-la sur 3 mm d'épaisseur. Découpez-y des demi-lunes que vous rangez sur la plaque, à 1 cm d'intervalle. Placez 10 minutes au frais. Préchauffez le four à 180 °C (à chaleur tournante : 160 °C). Faites dorer les gâteaux au four, à mi-hauteur, en 8 minutes. Laissez refroidir sur une grille.

3

Assemblez les gâteaux deux par deux en enduisant la face inférieure de marmelade d'orange.

4

Placez les lunes sur la grille à pâtisserie. Pour le glaçage, délayez le sucre glace avec la liqueur d'orange, emplissez-en un sachet pour surgelés et coupez un minuscule coin. Tracez des lignes transversales sur les lunes et laissez durcir pendant 1 heure.

Bouchées au cassis

Grâce au glaçage, ces bouchées moelleuses conservent leur fraîcheur.

Facile

Ingrédients pour environ 100 pièces :
Pour la pâte :
250 g de beurre ramolli
125 g de sucre
1 sachet de sucre vanillé
4 œufs
250 g de farine
2 cuil. à soupe de levure
150 g de chocolat
12,5 cl de jus de cassis
Pour le glaçage :
250 g de sucre glace
4-5 cuil. à soupe de jus de cassis
100 g d'amandes pelées, hachées
Papier de cuisson pour la plaque

- Préparation : 25 minutes
- Cuisson : 20 minutes

Une pièce contient environ :
210 kJ/50 kcal

1

Dans une terrine, travaillez le beurre, le sucre, le sucre vanillé et les œufs à l'aide d'un batteur à main jusqu'à l'obtention d'un mélange mousseux.

2

Préchauffez le four à 180 °C (à chaleur tournante : 160 °C). Chemisez la plaque avec le papier de cuisson.

3

Ajoutez à la pâte la farine et la levure préalablement tamisées, le chocolat râpé, et versez le jus de cassis. Travaillez tous ces ingrédients au batteur pour obtenir une pâte lisse. Étalez la pâte sur la plaque et lissez-la à l'aide d'une spatule.

4

Enfournez à mi-hauteur et faites cuire pendant 20 minutes. Laissez refroidir sur la plaque.

5

Pour le glaçage, délayez le sucre glace avec le jus de cassis. Étalez-le régulièrement sur la pâte et parsemez le tout d'amandes hachées. Laissez sécher pendant 1 heure. Découpez ensuite des bouchées de 3 x 4 cm.

!

Voici une variante plus croquante : remplacez la farine par de la farine de blé complet fraîchement moulue.

Navettes à la cacahuète

Vous pouvez remplacer les cacahuètes par des amandes mondées.

Décoratif

Ingrédients pour environ 80 pièces :
175 g de beurre ramolli
100 g de sucre glace
1 sachet de sucre vanillé
1 œuf (le blanc sert à badigeonner)
2 cuil. à soupe de rhum
1 pincée de cannelle
2 cuil. à soupe de cacao en poudre
125 g d'amandes en poudre
200 g de farine
1 cuil. à café de levure
80 g de cacahuètes non salées
Farine pour le plan de travail
Papier de cuisson pour la plaque

- Préparation : 50 minutes
- Repos de la pâte : 45 minutes
- Cuisson : 14 minutes par plaque

Une pièce contient environ :
170 kJ/40 kcal

!

Le papier de cuisson peut être réutilisé plusieurs fois.

1

Dans une jatte, travaillez le beurre, le sucre glace, le sucre vanillé, le jaune d'œuf, le rhum et la cannelle jusqu'à l'obtention d'un mélange mousseux. Incorporez-y le cacao et les amandes. Ajoutez la farine et la levure tamisées, mélangez tout et façonnez une boule, que vous laissez reposer à couvert dans un lieu frais, pendant 45 minutes.

2

Couvrez la plaque avec le papier de cuisson. Farinez le plan de travail et pétrissez de nouveau la pâte. Coupez-en une tranche que vous roulez de façon à former un cordon de l'épaisseur d'un pouce. Débitez celui-ci en tronçons de 5 cm de long, dont vous pincez les extrémités entre l'index et le pouce pour former des pointes. Rangez-les sur la plaque.

3

Préchauffez le four à 180 °C (à chaleur tournante : 160 °C). Battez le blanc d'œuf à la fourchette, trempez-y les cacahuètes, puis posez-les sur les navettes en appuyant légèrement (*voir ill. p. 34*). Enfournez à mi-hauteur pour 14 minutes. Laissez refroidir sur une grille.

Dés de coco

Placés dans une boîte, ils conservent leur fraîcheur pendant 15 jours.

Exotique

Ingrédients pour environ 120 pièces :
Pour la pâte :
100 g de beurre ramolli
3 œufs • 100 g de sucre
1 sachet de sucre vanillé
1 pincée de sel
450 g de farine
1 sachet de levure
12,5 cl de lait
Pour napper :
150 g de chocolat au lait
50 cl de lait • 150 g de sucre
200 g de beurre ramolli
7 cuil. à soupe de rhum
Pour décorer :
300 g de noix de coco râpée
Papier de cuisson pour la plaque

- Préparation : 1 heure
- Cuisson : 30 minutes

Une pièce contient environ :
270 kJ/65 kcal

!

Variante enrichissante : confectionnez les dés de coco avec de la farine de blé complet ; comptez-en 400 g pour la recette ! Remplacez le sucre par la même quantité de miel.

1

Mettez le beurre, les œufs, le sucre, le sucre vanillé et le sel dans une jatte. Travaillez le tout au batteur à main jusqu'à l'obtention d'un mélange mousseux. Ajoutez la farine et la levure tamisées, versez le lait. Travaillez encore pour obtenir une pâte lisse. Tapissez la plaque avec le papier de cuisson. Étalez la pâte sur la plaque et lissez-la avec une spatule.

2

Enfournez à 200 °C (à chaleur tournante : 180 °C) pendant 25 minutes, puis laissez refroidir.

3

Cassez le chocolat en morceaux. Dans une casserole posée sur feu moyen, portez à ébullition le lait, le sucre, le beurre, le chocolat et le rhum, remuez et laissez refroidir. Coupez la pâte en dés de 3 x 3 cm.

4

Versez la noix de coco râpée dans une jatte. Piquez les dés, un par un, sur une fourchette, plongez-les dans la sauce chocolat-rhum, laissez-les s'imbiber quelques secondes, puis égouttez-les (*voir ill. p. 35*). Toujours à l'aide de la fourchette, tournez les dés dans la noix de coco (*voir ill. p 35*). Laissez sécher sur une grille à pâtisserie pendant 1 heure.

Navettes à la cacahuète

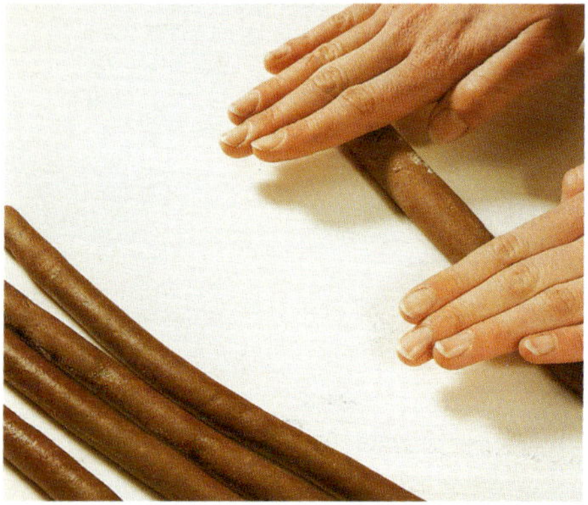

1 Formez un cordon épais comme le pouce, coupez des tronçons de 5 cm, pincez-en les extrémités pour former des pointes, et rangez-les sur la plaque.

2 Plongez chacune des cacahuètes dans le blanc d'œuf, et posez-les sur les navettes en appuyant légèrement pour en élargir un peu le centre.

Triangles aux dattes

1 Découpez dans la pâte cuite des carrés de 6 x 6 cm, puis recoupez en diagonale pour obtenir des triangles.

2 Hachez le chocolat en petits morceaux que vous faites fondre au bain-marie. Plongez les pointes des triangles aux dattes dans le nappage.